BIOPHILIC ARCHITECTURE

© 2023 Instituto Monsa de ediciones.

First edition in September 2023 by Monsa Publications,
Carrer Gravina 43 (08930) Sant Adrià de Besós.
Barcelona (Spain)
T +34 93 381 00 93
www.monsa.com monsa@monsa.com

Editor and Project director Anna Minguet
Art director, layout and cover design
Eva Minguet (Monsa Publications)
Printed by Cachiman Grafic

Shop online:
www.monsashop.com

Follow us!
Instagram: @monsapublications

ISBN: 978-84-17557-68-3
B 15403-2023

BIOPHILIC
Architecture

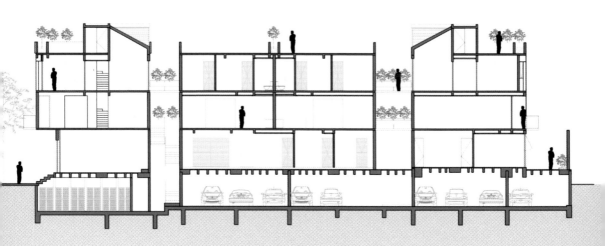

monsa

INTRO Introducción

Biophilic architecture integrates nature into spaces and buildings to improve people's health and well-being. It is based on the idea that humans are innately connected with nature and that exposure to natural elements, such as sunlight, water, and plants, can positively impact our physical and mental health and, thus, our social well-being.

Biophilic architecture can be applied in various environments, from office buildings to homes and public spaces. Some common characteristics of biophilic architecture include the incorporation of natural light and ventilation, the presence of green areas, and the use of natural materials such as wood and stone. In addition to improving health and providing comfort, biophilic architecture also has environmental benefits by reducing the carbon footprint and promoting sustainable practices.

El enfoque de la arquitectura biofílica busca integrar la naturaleza en los espacios y edificaciones para mejorar la salud y el bienestar de las personas. Se basa en la idea de que los seres humanos tienen una conexión innata con la naturaleza y que la exposición a elementos naturales, como la luz del sol, el agua y las plantas, puede tener un impacto positivo en nuestra salud física y mental, y por tanto en nuestro bienestar social.

La arquitectura biofílica puede ser aplicada en una amplia variedad de entornos, desde edificios de oficinas hasta hogares y espacios públicos. Algunas de las características comunes de la arquitectura biofílica incluyen la incorporación de luz y ventilación natural, la presencia de zonas verdes, y la utilización de materiales naturales como la madera y la piedra. Además de mejorar la salud y proporcionar confort, la arquitectura biofílica también tiene beneficios ambientales al reducir la huella de carbono y promover prácticas sostenibles.

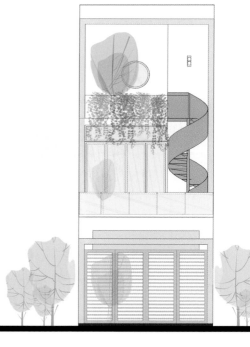

INDEX Índice

VILLA CITY
STORY Architecture

Location Ho Chi Minh City, Vietnam **Surface area** 117 m² **Photographs** © Minq Bui
Website www.storyarchitecture.vn

When we took on a project to design it, there was an outbreak of the Corona virus. Closed schools and entertainment spaces enforced social isolation.

Housing spaces are starting to take on the task of serving people more, with more difficulty than narrow residential spaces located inside big cities. We put the issue of priority space for young children, the space to relax is also more interested.

Villa City Project is located in District 7, Ho Chi Minh City, Vietnam. House for husband and wife and 2 sons. With an area of 117m2 and a limited investment budget, we consider to organize a reasonable living, working, resting space and relieve the inhibitory mentality when being restricted from leaving the house when the situation can have long-term social isolation.

The narrowing of the living room, eliminating bedrooms, making bunk beds for the children to share a room leads to plenty of space to plant trees, swimming pools and tree houses for the babies to play. Helps to release energy for babies.

The children's bedroom and parent bedroom have connecting doors, and connected to the balcony to create a connected space long enough for the children to run comfortably, the bedroom is designed with a large glass wall overlooking the greenery and Get natural light from the floor pockets to make the bedroom airy, freeing the vision.

Justo cuando nos habíamos embarcado en el diseño del proyecto, estalló el brote de Coronavirus. Escuelas y espacios de entretenimiento cerrados obligaron a un aislamiento social.

Los espacios habitacionales empiezan a asumir la tarea de atender más a las personas, con más dificultad que los espacios residenciales angostos ubicados dentro de las grandes ciudades. Ponemos sobre la mesa el tema del espacio prioritario para niños pequeños; también hay una mayor interés por los espacios para relajarse.

Villa City Project está ubicado en el Distrito 7, en Ho Chi Minh, Vietnam. Se trata de una casa para un matrimonio y sus 2 hijos. Con un área de 117m2 y un presupuesto de inversión limitado, consideramos organizar un espacio razonable para vivir, trabajar, descansar y aliviar la mentalidad inhibitoria en el momento en que se restringe salir de la casa y en caso de que la situación requiera mantener un aislamiento social a largo plazo.

El estrechamiento de la sala de estar, la eliminación de los dormitorios y la introducción de literas para que los niños compartan una habitación genera mucho espacio para plantar árboles, piscinas y casas en los árboles para que jueguen los bebés. Ayuda a que esos bebés liberen energía.

El dormitorio de los niños y el dormitorio de los padres tienen puertas que se conectan entre sí, y que también dan al balcón para crear un espacio conexo lo suficientemente largo para que los niños corran cómodamente. Diseñado con una gran pared de vidrio con vistas a la vegetación, el dormitorio recibe luz natural de los tragaluces del suelo, resultando así un espacio más despejado.

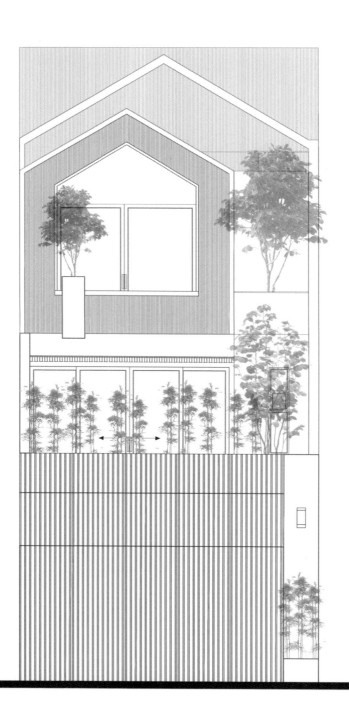

Elevation

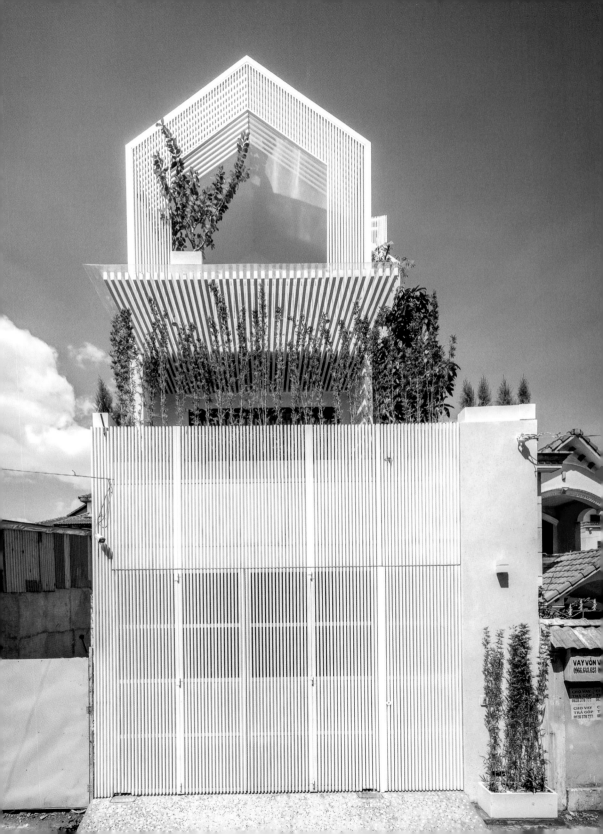

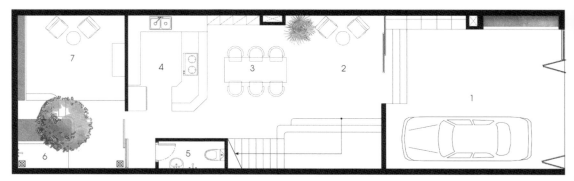

Ground floor plan
1. Garage
2. Guest area
3. Dining
4. Kitchen
5. Toilet
6. Wash
7. Tea area

1st Floor plan
1. Terrace
2. Master bedroom
3. Bathroom
4. Kids bedroom
5. Bathroom
6. Hall
7. House in tree

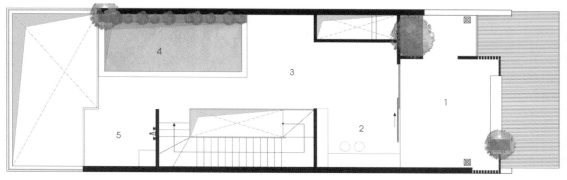

2nd Floor plan
1. Terrace
2. Work area
3. Hall
4. Pool
5. Laundry

Section

THE UMBRELLA
AD+studio

Location Phu Nhuan Dist. Ho Chi Minh City, Vietnam **Surface area** 120 m² **Photographs** © Quang Dam
Website www.adplus-studio.com

The house is situated in a corner hidden from the small alley in Sai Gon where people usually pass by in their first visit. This position leaves us with a feeling of silence of the site inside as well as an astonishment at its wide yard when we go through the gate.

The current condition is a small old house with some familiar architectural characteristics (the patio, screen block walls…); they are spontaneous details of a building that is built in a region with little temperature amplitude, hot climate and much rain; such details are considered to use in the new design. In front of the house is there a wide yard; from the height of the roof we can utilize the view – an airy and private area that is formed by the current greenery and the set-back from surrounded buildings. These two main factors orientate the refurbishing method: AN AIRY AREA LYING BENEATH A WIDE ROOF.

The new house is protected by a high and close gate. It blocks the view from the main road and keeps the site's silence, concurrently gives an impressive feeling when we see the architecture behind.

This design is for a young couple having a simple lifestyle. The site's width is 6m, which is different from that of a typical row-house in Saigon (4m), allowing the division of the space in both directions and forming a diversification of space. Privacy – an important factor of a house – first, is arranged along the site and then to the height. This aggregation arranges the house's function into the front – back – top - bottom.

We evaluate that the old house has its self-value, and accordingly we decide to keep the structure frame and reinforce it in order to support the second floor and increase the usable floor area. This method is suitable with the original design orientation (airy and less divided space on the second floor) but requires the limitation on the loading capacity of the roof.

In a tropical urban with high temperature all year long, shades of the trees, the patio or an umbrella will inspire a feeling of comfort. It is a space of which the temperature is lower than the outer and creating a clear view. The umbrella, among others, is an image that gives us an inspiration when designing the form and structure of the roof: highlighting the nature of a tropical building, reappearing the comfortable feeling beneath, as well as being an answer to the issue of loading capacity of the roof in order to keep the clear and open view

La casa está situada en un rincón escondido del pequeño callejón de Sai Gon, por donde suele pasar la gente en su primera visita. Esta ubicación nos da una sensación de silencio del sitio interior y, al mismo tiempo, nos asombra su amplio patio cuando cruzamos el portón.

El estado actual es el de una pequeña casa antigua con algunas características arquitectónicas corrientes (el patio, celosías de hormigón…); son detalles espontáneos de un edificio construido en una región con poca amplitud térmica, clima cálido y mucha lluvia; se tomará en consideración el uso de tales detalles en el nuevo diseño. Frente a la casa hay un amplio patio; desde lo alto del techo podemos aprovechar las vistas: un área espaciosa y privada formada por la vegetación actual y la cercanía de los edificios circundantes. Estos dos factores principales orientan el método de rehabilitación: UNA ZONA ESPACIOSA Y VENTILADA BAJO UN ANCHO TECHO.

La nueva casa está protegida por un portón alto y cerrado. Bloquea la vista desde la carretera principal y mantiene el silencio; al mismo tiempo da una sensación impresionante cuando vemos la arquitectura que hay por detrás.

Este diseño es para una pareja joven que lleve un estilo de vida sencillo. El ancho es de 6 metros, difiriendo del ancho de una casa adosada típica en Saigón (4 metros). Esto permite la división del espacio en ambas direcciones y forma una diversificación del espacio. La privacidad, factor importante de una casa, se organiza primero a lo largo del sitio y luego a lo alto. Este factor organiza la función de la casa hacia la parte delantera - trasera - superior - inferior.

Sabemos que la casa antigua tiene su valor propio, por lo que decidimos mantener el marco de la estructura y reforzarla para soportar el segundo piso y aumentar la superficie útil. Este método resulta adecuado con la orientación del diseño original (espacio aireado y menos dividido en el segundo piso), pero requiere la limitación de la capacidad de carga del techo.

En una zona urbana tropical con temperaturas altas durante todo el año, la sombra de los árboles, el patio o una sombrilla inspirarán una sensación de confort. Se trata de un espacio en el que la temperatura es más baja que la exterior y crea una vista despejada. La sombrilla, entre otras, es una imagen que nos sirve de inspiración a la hora de diseñar la forma y la estructura del tejado: resalta la naturaleza de un edificio tropical, reaparece la sensación de comodidad que hay debajo, además de dar respuesta al problema de la capacidad de carga del techo para mantener la vista despejada y abierta.

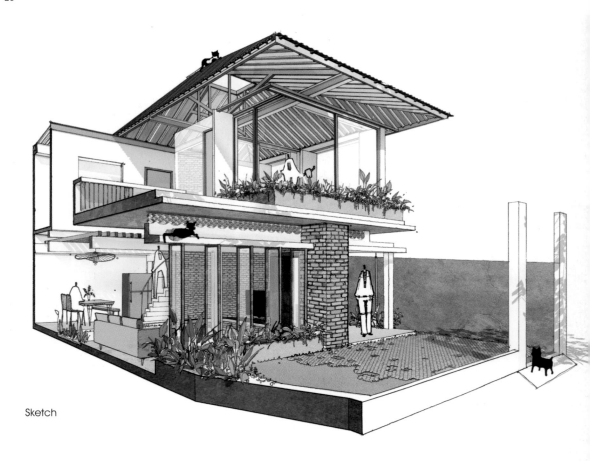

Sketch

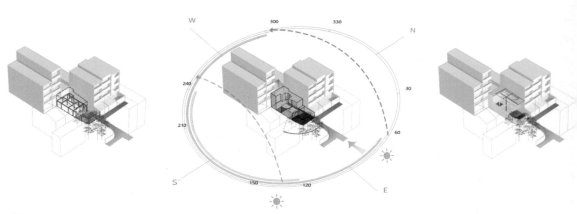

Diagram

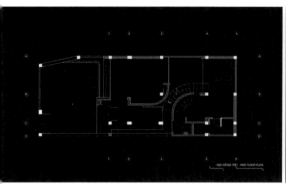

First floor plan

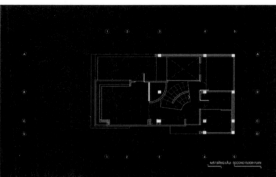

Second floor plan

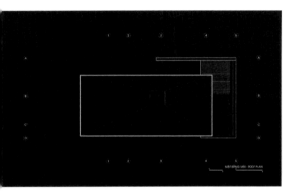

Roof plan

Section 1-1

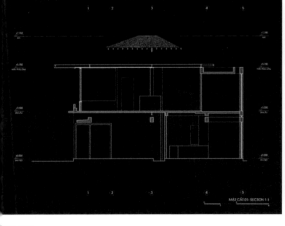

Model

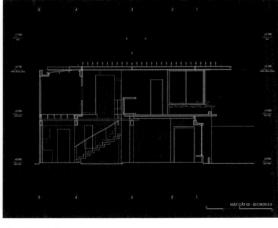

Section 2-2

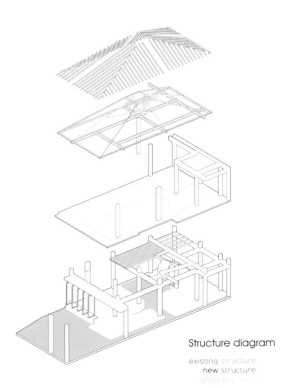

Structure diagram

existing structure
new structure
greenery

CHALET_A
MATIÈRE PREMIÈRE Architecture

Location Estrie, Canada **Surface area** 75 m² **Photographs** © Ian Balmorel
Website www.matierepremierearchitecture.ca

Concept & interior spaces:
The project was designed to host a series of fluid and relaxing spaces, while offering a close relation to the lake. The architecture beautifully captures the natural landscape that unfolds beyond its structure, which becomes fundamental to the living spaces with its offering of an intimate and cozy experience for its occupants. The A-frame silhouette produces playful spaces, while continuously offering views towards the lake. This undisturbed relation with the exterior is held throughout the project, exposing the cycles and the rhythms of the ever-changing weather.

Materiality:
Designed as a beach house, the interior design emphasizes lighter tones in shades of white and sage to promote a relaxed feel. It also embraces casual furnishings, with welcoming rugs and linen accessories, to add warmth to the living spaces. The architects selected local, sustainable, and durable materials, including white pine flooring, exposed timber framing, and painted spruce boards. The exterior design focused on more durable materials, such as natural white cedar siding, metal roofing, and aluminum windows. These materials contribute to a controlled aging of the cabin without risking its longevity.

Program:
The cottage integrates multiple living spaces within its relatively small footprint. The A-frame main large window was shifted toward the interior to accommodate a larger exterior dining area, followed indoor by the living room and dining nook, all offering spectacular views of the lake through the large windows. A new stair was relocated to a more discreet position at the rear of the dining nook, leading to a mezzanine. Nestled above the living room, it offers a cozy reading net facing the lake, while removing the need for a railing. The compact kitchen adjoins the dining nook, and a separate dormitory pavilion sits adjacent to the main cottage, offering more space for guests.

Concepto y espacios interiores:
El proyecto fue diseñado para albergar una serie de espacios fluidos y relajantes, al tiempo que ofrece una estrecha relación con el lago. La arquitectura captura hermosamente el paisaje natural que se desarrolla más allá de su estructura, la cual se vuelve fundamental para los espacios habitables ofreciendo una experiencia íntima y acogedora a sus ocupantes. La silueta del marco en A produce espacios lúdicos, mientras que ofrece continuamente vistas hacia el lago. Esta relación imperturbable con el exterior se mantiene a lo largo del proyecto, exponiendo los ciclos y los ritmos del clima en constante cambio.

Materialidad:
Concebida como una casa de playa, el diseño interior enfatiza los tonos más claros, en blanco y salvia, para promover una sensación de relax. También abarca muebles informales, con alfombras acogedoras y accesorios de lino, aportando calidez a los espacios habitables. Los arquitectos seleccionaron materiales locales, sostenibles y duraderos, incluidos suelos de pino blanco, estructuras de madera a la vista y tablas de abeto pintadas. El diseño exterior se centró en materiales más duraderos, como revestimientos de cedro blanco natural, techos de metal y ventanas de aluminio. Estos materiales contribuyen a un envejecimiento controlado de la cabaña sin poner en riesgo su longevidad.

Programa:
La cabaña integra múltiples espacios habitables dentro de su huella relativamente pequeña. La gran ventana principal con marco en A se desplazó hacia el interior para dar cabida a un comedor exterior más grande, seguido en el interior por la sala de estar y el comedor, todos con vistas espectaculares del lago a través de los grandes ventanales. Se reubicó una nueva escalera en una posición más discreta en la parte trasera del comedor, la cual conduce a un entresuelo. Ubicado sobre la sala de estar, ofrece un acogedor rincón de lectura frente al lago, al tiempo que elimina la necesidad de una barandilla. La cocina compacta está junto al comedor, y junto a la cabaña principal hay un pabellón con un dormitorio separado, ofreciendo más espacio para los invitados.

Construction:
The very steep and limited access to the site posed challenging construction conditions, with well over 150 steps required to reach the cottage. Difficult access to deliver new materials and to remove existing materials, guided the construction in an ecological mindset, leading to the recovery of as many existing materials as possible. This undertaking motivated the clients to meticulously and thoroughly renovate the cottage in line with current building practices. A temporary cable crane was erected to transport all construction materials to the site, while ensuring the protection of mature trees along its path. The client emphasized the conservation of all existing trees, as well as the revitalization of the lakefront. Local indigenous plants were added to the shoreline to promote organic renaturalization.

Construcción:
El acceso a la casa es complicado, por lo que la constucción fue un desafio. Hay una cuesta muy empinada limitando el acceso, también encontramos más de 150 escalones para llegar a la cabaña. La compliación para entregar nuevos materiales y para retirar los materiales existentes guió la construcción en una mentalidad ecológica, lo que llevó a reciclar y recuperar la mayor cantidad posible de materiales existentes. Este compromiso motivó a los clientes a renovar meticulosamente la casa de campo con las prácticas actuales de construcción. Se erigió una grúa de cable temporal para transportar todos los materiales de construcción al sitio, asegurando al mismo tiempo la protección de los árboles maduros a lo largo de su camino. El cliente enfatizó la conservación de todos los árboles existentes, así como la revitalización de la orilla del lago. Se agregaron plantas autóctonas locales a la costa para promover la renaturalización orgánica.

40

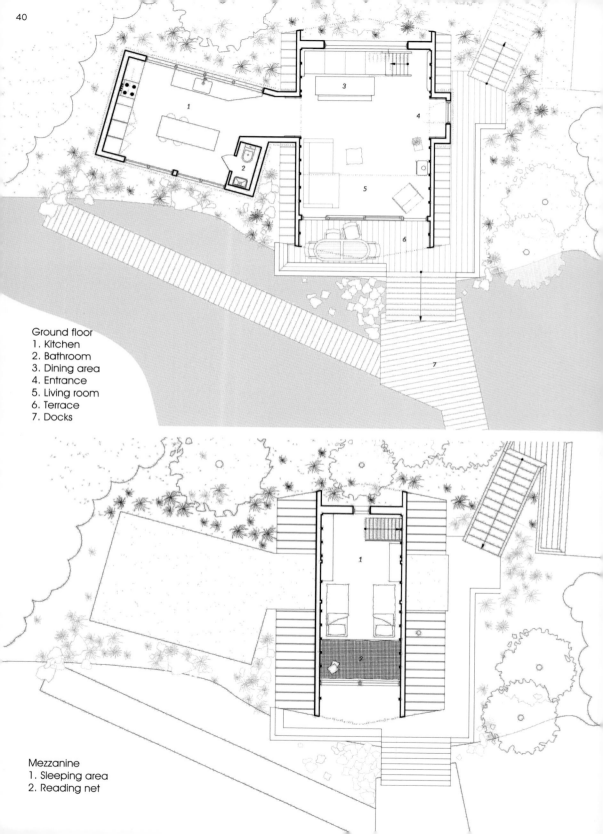

Ground floor
1. Kitchen
2. Bathroom
3. Dining area
4. Entrance
5. Living room
6. Terrace
7. Docks

Mezzanine
1. Sleeping area
2. Reading net

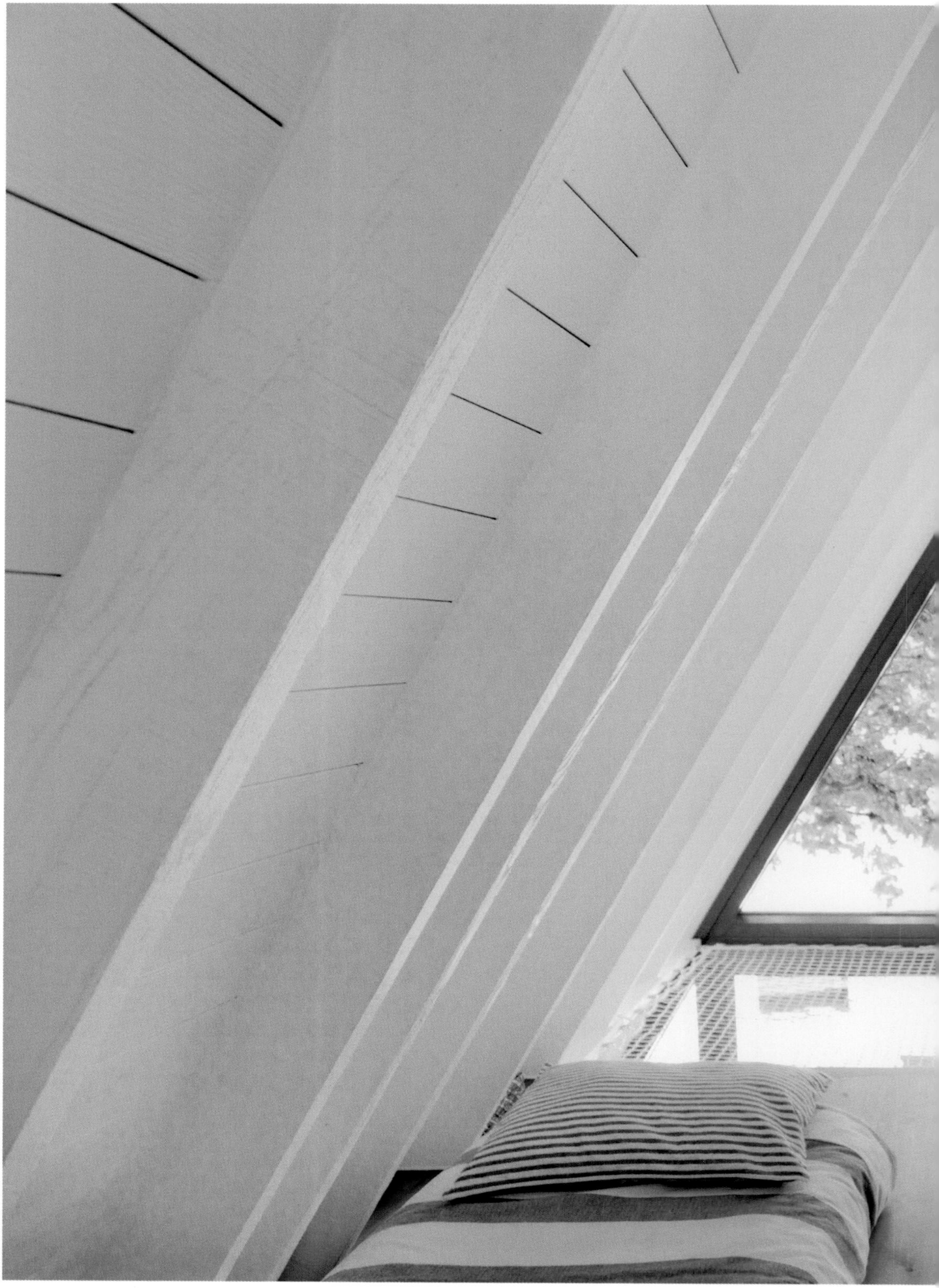

NHÀ CHONG MÁI
AD+studio

Location Northern Vietnam **Photographs** © Dũng Huỳnh **Website** www.adplus-studio.com

Through conducting surveys of the status and search for design materials, we can't help being not impressed with the image of a layer of red and green tole roof, overlapping each other as a feature from the height of the houses in the area. In addition, it is interesting to see a unique situation: from the outside look it seems like a typical, long, narrow city house; but going inside it is a cluster of three single blocks revolving around a spacious and airy garden behind.

The owner is a young couple of 9X generations studying in Hanoi but choosing to live and work in Thai Nguyen. Having an introverted life, and having the love for peace and quiet as a resonance between the context of the status and the personality of people. The STACKING – ROOF HOUSE is a story that respects the inherent peaceful atmosphere, strengthened and reprocessed on a more contemporary, liberal and youthful spirit.

The concrete frames of the two main houses are kept and consolidated by the steel truss of the roof, which is inspired by the surrounding scenery, in order to create a large span. This method not only clears the view of the garden on the ground floor but also increases the using area for the first floor. It also creates a "stacking" building which gets along with the surrounding harmoniously.

The roof structure includes two parts switching from opacity to shield. The roof made from poly material in combination with the glass block of the facade not only makes the building translucent in the scene but also plays a role as a glasshouse for gardening. The shielding part formed by two layers of colored corrugated steel sheet above a glass ceiling generates convection currents, limits the heat going through spaces as well as keeps the sense of the structure frame.

Through the facade, the glass block walls in between the sidewalk and the front yard do not act much as a shield for the house. An area of the old house is used for greenery in order to create a space between the noise outside and the peace inside. Through the narrow corridor – a hyphen between the in front public space and the private one behind – a part of the garden appears so as to attract people's curiosity. Here, the space compression method is used to enhance the surprise where there is a large and airy space at the end of the corridor: the living space and the greenery.

A través de la realización de estudios sobre el estado y la búsqueda de materiales de diseño, no podemos dejar de impresionarnos con la imagen de la capa de cubierta de tole rojo y verde, superpuesta como una característica de la altura de las casas de la zona. Además, es interesante ver una situación única: desde el exterior, parece la típica casa de ciudad, alargada y estrecha; pero, al entrar, encontramos un grupo de tres bloques individuales que giran alrededor de un espacioso jardín.

Los propietarios son una pareja joven de la llamada generación 9X que estudia en Hanoi pero elige vivir y trabajar en Thai Nguyen. Llevan una vida introvertida y el amor por la paz y la tranquilidad como resonancia entre el contexto de su posición y la personalidad de la gente. Esta CASA DE TECHO APILABLE es un proyecto que respeta la atmósfera pacífica inherente, fortalecida y reprocesada en un espíritu más contemporáneo, liberal y juvenil.

Los marcos de hormigón de las dos casas principales se mantienen y consolidan por la cercha de acero del techo, que se inspira en el paisaje circundante para crear un espacio grande. Este método no solo despeja la vista del jardín en la planta baja, sino que también aumenta el área útil para el primer piso. También crea un edificio "apilable" que congenia armoniosamente con el entorno.

La estructura del techo incluye dos partes que cambian de opacidad a escudo blindado. El tejado, hecho de poliéster en combinación con el bloque de vidrio de la fachada, no solo hace que el edificio se vea translúcido, sino que también actúa como invernadero. La parte blindada formada por dos capas de chapa de acero corrugado de color sobre un techo de vidrio genera corrientes de convección, limita el paso del calor a través de los espacios y mantiene el sentido del marco de la estructura.

A través de la fachada, las paredes de vidrio entre la acera y el patio delantero no actúan demasiado como escudo para la casa. Un área de la antigua casa se utiliza para que haya vegetación con el fin de crear un espacio entre el ruido exterior y la paz interior. A través del estrecho pasillo - unión entre el espacio público delantero y el privado trasero - aparece una parte del jardín para atraer la curiosidad de la gente. Aquí, el método de compresión del espacio se utiliza para realzar la sorpresa de un espacio amplio y despejado al final del pasillo: el espacio habitable y la vegetación.

48

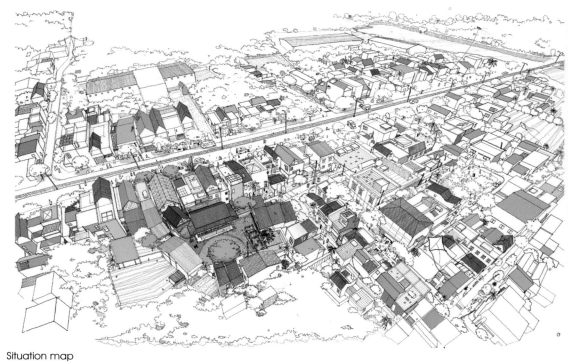

Situation map

Ground floor plan

Upper floor plan

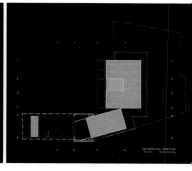

Roof plan

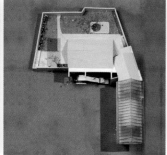

Model

Structure diagram

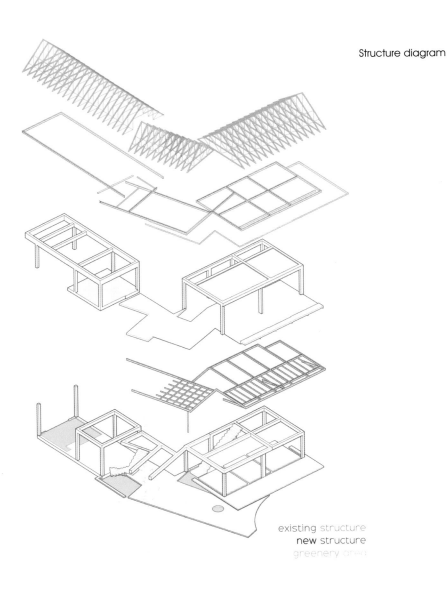

existing structure
new structure
greenery area

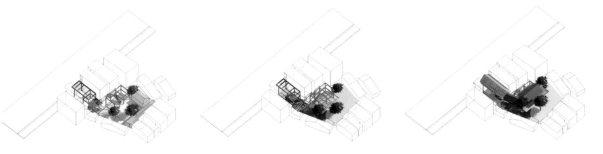

Diagram

UNCLE TU'S HOUSE
STORY Architecture

Location Trang Ban District, Tinh Tay Ninh, Vietnam **Surface area** 2190 m² **Photographs** © Minq Bui
Website www.storyarchitecture.vn

- Bác Tư House project is located in the countryside of Trang Bang, Tay Ninh _ Vietnam.

- The house serves a traditional family of three generations in the countryside of Vietnam, with a typical lifestyle of the countryside, so we developed the idea based on the living layout of the living space in the house. Traditionally three compartments, the middle is still the worship space, the left room is the living room, the right one is the bedroom space, and this space is developed to the back to have enough bedrooms for the family. 3 generations living together. And the living room also develops a long space to the back to make space for motorbikes, farming activities, relaxing and drinking tea. The last kitchen space is locked to create a patio space for the extended family to gather together, the courtyard is an aquarium and green trees create a cool and quiet atmosphere for the whole house. And behind the garden to grow vegetables and trees, there is a warehouse, a wood stove in front is a large yard to meet the family's farming work.

- The organization retains the traditional three-room house layout to help the grandparents not feel lost in a new house built by their children, and develop the rear spaces to meet the needs of their children. modern living needs of the young generation, creating a spaciousness and comfort for the children and grandchildren, also see that and the house they want to return to, the space to gather around the courtyard creates a warm connection for the children. Family of three generations.

- The overall house is a traditional red tile roof system representing the grandparents' generation surrounding a rising concrete block representing the strong development of the younger generation later, the concrete square also aims to purpose to avoid floods in the future. Builders and construction materials are locally made and supplied.

- The garden is limited in concrete, but instead grows grass so that it can absorb rain water to avoid inadequate drainage, and reduce heat radiation. The roof support frame system instead of using traditional wood, we design the iron frame system painted black to protect the trees and the environment.

- El proyecto Bác Tư House está ubicado en la campiña de Trang Bang, Tay Ninh _ Vietnam.

- La casa sirve a una familia tradicional de tres generaciones en una campiña de Vietnam, con un estilo de vida típico de campo, por lo que desarrollamos una idea basada en el diseño de vida del espacio habitable de la casa. Tradicionalmente consta de tres compartimentos, el del medio sigue siendo el espacio de culto, la habitación de la izquierda es la sala de estar, la de la derecha es el dormitorio, y este espacio se desarrolla hacia atrás para tener suficientes dormitorios para toda la familia. 3 generaciones viviendo juntas.
Además, la sala de estar también ofrece un espacio largo en la parte posterior dejando hueco para motos, actividades agrícolas o zona de relax donde tomar un té. La última zona de la cocina está cerrada para crear un espacio de patio donde la extensa familia se reúna. Este patio es un acuario y los verdes árboles crean un ambiente fresco y tranquilo para toda la casa. Detrás de la huerta para sembrar hortalizas y plantar árboles, hay un almacén; la estufa de leña al frente es un amplio patio donde atender las labores agrícolas de la familia.

- La organización conserva el diseño tradicional de la casa de tres habitaciones para ayudar a los abuelos a no sentirse perdidos en una nueva casa construida por sus hijos y desarrollar los espacios traseros para satisfacer las necesidades habitacionales de las generaciones jóvenes, ofreciendo espacio y comodidad para hijos y nietos, un espacio que les invita a volver, a reunirse alrededor del patio, creando una conexión cálida para los niños. Una familia de tres generaciones.

- La casa, en su conjunto, es un sistema tradicional de cubierta con tejas rojas que representa la generación de los abuelos, rodeando un bloque de hormigón que se alza y representa el fuerte desarrollo de la generación más joven que vendrá después; el bloque de hormigón también tiene como objetivo evitar inundaciones en el futuro. Los constructores y los materiales de construcción se fabrican y suministran localmente.

- El jardín está limitado en hormigón pero, en su lugar, crece césped para que así pueda absorber el agua de lluvia y evitar un drenaje inadecuado, reduciendo igualmente la radiación de calor. En lugar de usar madera tradicional, en el sistema de soporte de techado diseñamos un sistema de marco de hierro pintado de negro para proteger los árboles y el medio ambiente.

Section

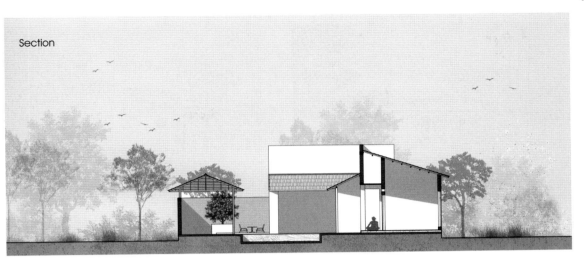

Front elevation

Side elevation

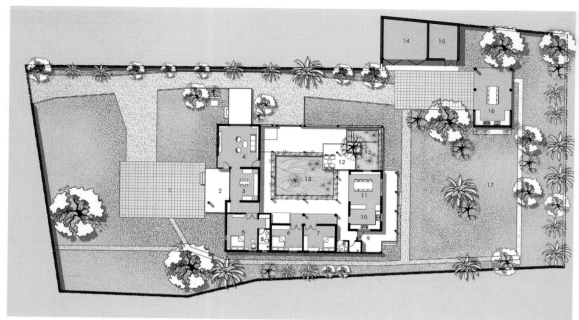

Ground floor plan

1. Front yard
2. Entrance
3. Altar
4. Living
5. Grandpa bedroom
6. Kid bedroom
7. Grandma bedroom
8. WC
9. Laundry
10. Kitchen
11. Dining
12. Terrace
13. Pond
14. Garage
15. Storage
16. Wood stove
17. Back yard

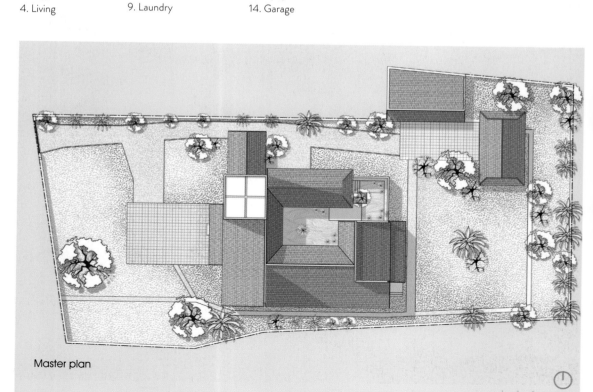

Master plan

FAHOUSE
JEAN VERVILLE Architecte

Location Eastern Townships, Quebec, Canada **Surface area** 176 m² **Photographs** © Maxime Brouillet
Collaborators Jessica Bouffette, Olivier Grenier, Martine Walsh **Website** www.jeanverville.com

Nestled in the privacy of a hemlock forest, FAHOUSE presents an amazing building that seems to emerge from a children's story. Exploiting the contrasts between opacity and light, the architect Jean Verville develops a graphic assemblage, which rises like two giant conifers, intensifying the dreamlike aspect of this architectural proposal. Derived from the archetypal figure of the house, the double triangular prism perfectly illustrates childhood characterizing the whole development of this project.

Conceived for a couple of young professionals and two children, the cottage revisits the family home settings to explore an imaginary closely linked to the site, its occupants and their actual way of living the family life. The close complicity with these clients during the design process, and the playfulness distinguishing their parent-children relationship, empower the architect to design a new way of living their reality. Throughout the construction, the collaboration between the architect, the family and the entrepreneur promotes a shared enthusiasm resulting in building quality and flawless finishing.

The two houses profile emerges. The architect emphasizes the elongated shape of the land by a promenade along the blind wall of the first volume. A wide exterior staircase revealing the natural slope leads to the ground floor and welcomes newcomers under an imposing cantilever defining the covered terrace. The large opaque door opens into a vibrant lobby that extends to the mysterious forest. The living area enjoys glass walls, which seem to dematerialize and eliminate the boundary between architecture and landscape, allowing nature to fabulously slip inside. Already the house comes to life and the magic of the place operates.

Ubicado en la intimidad de un bosque de cicuta, FAHOUSE presenta un impresionante edificio que parece surgir de un cuento para niños. El arquitecto Jean Verville desarrolla un conjunto gráfico, explotando los contrastes entre la opacidad y la luz. Alza dos gigantes coníferas, intensificando el aspecto onírico de esta propuesta arquitectónica. Derivado de la figura arquetípica de la casa, el doble prisma triangular ilustra perfectamente la infancia, que caracteriza todo el desarrollo de este proyecto.

Concebida para una joven pareja de profesionales y dos niños, la casa retoma la configuración de hogar, para explorar un imaginario y estrecho vínculo con el terreno, sus ocupantes y su forma real de vivir una vida familiar. La estrecha complicidad con estos clientes durante el proceso de diseño y la oportunidad de distinguir la relación padres e hijos, facultan al arquitecto para diseñar una nueva manera de vivir su realidad. A lo largo de la construcción, la colaboración entre el arquitecto, la familia y el empresario promueve un entusiasmo compartido, dando como resultado una calidad de construcción y decoración impecable.

El perfil de dos casas emerge. El arquitecto hace hincapié en la forma alargada de la tierra por un paseo a lo largo del muro ciego del primer volumen. Una amplia escalera exterior, que revela la pendiente natural, conduce a la planta baja y da la bienvenida a los recién llegados bajo un voladizo imponente que define la terraza cubierta. La gran puerta opaca se abre hacia un vibrante vestíbulo que se extiende hasta el misterioso bosque. El salón cuenta con paredes de cristal, que parecen desmaterializarse y eliminar el límite entre la arquitectura y el paisaje, permitiendo que la naturaleza se deslice fabulosamente en el interior. De por sí, la casa tiene vida, y la magia del lugar funciona.

Elevations

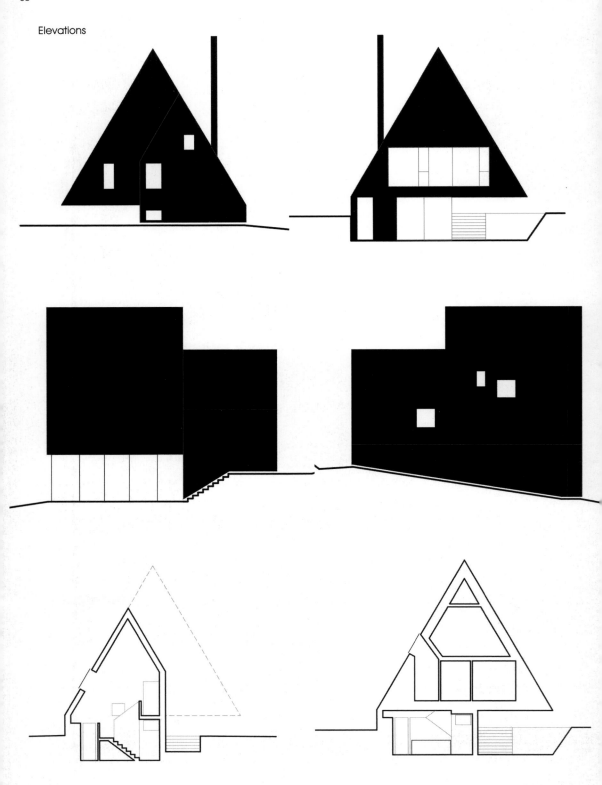

Floor plans

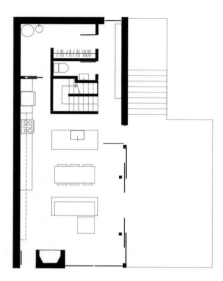

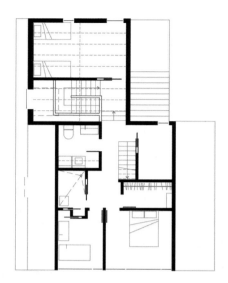

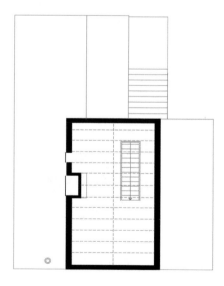

The architectural deployment of the staircase articulates the ground floor while governing the access parade to the perched areas of the two houses. The first, the toddlers', nestled in the enchanted forest, displays a large bunk bed welcoming friends to share fantastic nights. A few stairs jump leads to the second, the parents' house, which looks like a beehive composed of a succession of cells each offering a distinctive ritual. In a surprising mirror effect, the bedroom doubles as a bathroom offering two simple and soothing volumes suspended between earth and sky. In contrast, the graphic display of the impressive family shower room promises a different experience for daily ablutions. The upper floor evokes the lair of the whale to brighten the imagination and allow for a colorful world of unbelievable adventures.

El despliegue arquitectónico de la escalera articula la planta baja, mientras que rige el acceso a las áreas de las dos cámaras. La primera, de los niños, ubicada en el bosque encantado, muestra una gran litera que da la bienvenida a amigos para compartir noches fantásticas. Unos pocos peldaños conducen a la segunda, la casa de los padres, que se parece a un panal de abejas compuesto por una sucesión de células, cada una ofreciendo un ritual distintivo. En un sorprendente efecto de espejo, el dormitorio se dobla como un baño que ofrece dos volúmenes simples y relajantes, suspendido entre la tierra y el cielo. Por el contrario, la representación gráfica del impresionante cuarto de baño familiar promete una experiencia diferente para las abluciones diarias. La planta superior evoca la guarida de una ballena para iluminar la imaginación y permitir un colorido mundo de aventuras increíbles.

HOUSE WITH BLUE BRIDGE
STORY Architecture

Location Trang Bom Town, Dong Nai Province, Vietnam **Surface area** 240 m² **Photographs** © Minq Bui
Website www.storyarchitecture.vn

- The House with Green Bridge project, built in Trang Bom Tinh town, Dong Nai. Area of land lots is subdivided and long. The project of the house with a green bridge, too, is only 4.8m wide and 50m long, the narrow and long plot of land is a difficult problem to divide the space for the Architect. The house will serve a young couple, 3 small children and an elderly grandmother.

- To meet the number of bedrooms, but still ensure light and ventilation for the rooms, we offer a solution to separate the house into 2 blocks to create a courtyard in the middle of the house.

- But in order for family members to bond, and not have a feeling of separation when living in 2 different blocks, our inner courtyard makes a blue bridge connecting the 2 blocks and the roof is made of a system. Concrete louvers reduce sunlight and glass, making it feel like a seamless block and space.

- The appearance of the blue bridge creates a highlight in the middle of the house, making the house special, the relaxation and vibrancy from the image of the green bridge also helps relieve a lot of pressure when we are at home and Many spaces on both sides of the bridge become a place for children to play and learn. And it becomes a part of the childhood memories of the children later on.

- The stairs from the ground floor up are divided into 2 sides for 2 different directions of movement for 2 blocks, also creating privacy and vibrancy, serving the movement according to different needs, convenient needs for people. Parents, the need to live with the children.

- The mother's kitchen space, her sitting area is also open with the courtyard space in the middle of the house connected to the bedrooms of the children upstairs. The green space from the ground floor connecting to the upper floors is also an invisible green bridge connecting the living spaces of members on different floors and different blocks.

- Proyecto de la Casa con Puente, construida en la ciudad de Trang Bom Tinh, Dong Nai. El área de los lotes de tierra está subdividida y es larga. El proyecto de la casa con un puente también tiene solo 4,8 metros de ancho y 50 metros de largo; la extensa y estrecha parcela es un problema difícil de dividir para el arquitecto. La casa está destinada a una pareja joven, con 3 niños pequeños y una abuela anciana.

- Para cumplir con el número de habitaciones, pero aún así garantizar la luz y la ventilación en su interior, ofrecemos la solución de separar la casa en 2 bloques y así crear un patio en el medio de la misma.

- Sin embargo, para que los miembros de la familia se junten y no tengan una sensación de separación al vivir en 2 bloques diferentes, nuestro patio interior tiene un puente azul que conecta los 2 bloques y el techo está hecho de un solo sistema. Las persianas de hormigón reducen la luz solar y el vidrio hace que parezca un bloque único, sin costuras.

- La presencia del puente crea un hito en el medio de la casa, lo que la convierte es una casa especial. La relajación y la vitalidad de ver el puente también ayuda a aliviar mucha presión cuando estamos en casa; además, los espacios a ambos lados del puente se convierten en un lugar para que los niños jueguen y aprendan. Y, más adelante, se convertirá en parte de los recuerdos de infancia de esos niños.

- Las escaleras desde la planta baja hacia arriba se dividen en 2 lados para 2 direcciones diferentes de movimiento hacia 2 bloques, lo que también aporta privacidad y vitalidad, sirviendo al movimiento de acuerdo con las diferentes necesidades, necesidades convenientes para las personas; para padres que necesitan convivir con sus hijos.

El espacio de la cocina y de la sala de estar también está abierto con el espacio del patio en el centro de la casa, conectado a las habitaciones de los niños en el piso de arriba. El espacio verde de la planta baja que conecta con los pisos superiores también es un puente verde invisible que conecta los espacios habitables de los miembros en diferentes pisos y diferentes bloques.

Elevation

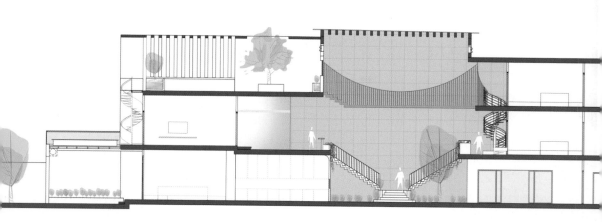

Section A

Ground floor plan
1. Garage
2. Living room
3. Kitchen
4. LLobby
5. Grandma's bedroom

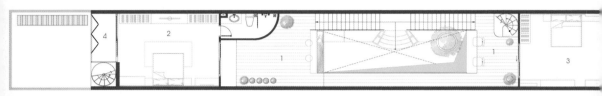

1st Floor plan
1. Hall
2. Master bedroom
3. Bedroom
4. Bancony

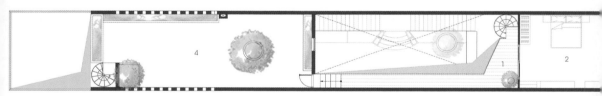

2snd Floor plan
1. Hall
2. Bedroom
3. Bancony
4. Terrace

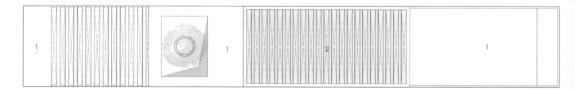

Roof plan
1. Concrete roof
2. Glass roof

PHU YEN HOUSE
STORY Architecture

Location Phú Yên, Vietnam **Surface area** 420 m² **Photographs** © Minq Bui
Website www.storyarchitecture.vn

In the summer holidays, instead of sending their children to life skills training schools, the homeowner returns to the countryside to build a house for their children to play and experience with children in the countryside.

The Landlord was born in the countryside of Phu Yen, grew up to study, work and live in the big city, and return to the countryside every summer vacation, traditional Vietnamese New Year holiday, or as a quarantine period. because of the Covid-19 epidemic. Phu Yen House was born to serve this.

The space of the bedroom and living room, kitchen and dining room are separated, and linked together by courtyard and green spaces, it helps to make the spaces of the rooms in the house airy and accessible. With the best nature, the yard and green spaces also become a fun area for children and their friends bè.

The living room and kitchen space are rotated and the slanted fences create interesting and vivid views when we move inside the house.

In order to free up the view when living inside the room, we designed many large windows, but the construction investment cost of the owner is small, and the construction technique of large-format glass doors in the locality is limited. Therefore, for large doorways, we do not install glass doors, but build an extra layer of high fence surrounding it to ensure safety and privacy. The fence is slanted to not limit the view and create second angle is more interesting.

The work was built by groups of local workers. Using available materials, such as brick, stone, cement, Pillow, iron...

En las vacaciones, en lugar de enviar a sus hijos a escuelas de verano, el propietario vuelve al campo a construir una casa para que sus hijos jueguen y experimenten con la naturaleza.

El propietario nació en el campo de Phu Yen, creció estudiando, trabajando y viviendo en la gran ciudad, y vuelve al campo cada vez que hay vacaciones de verano, fiestas tradicionales del Año Nuevo vietnamita, o como periodo de cuarentena por la pandemia de Covid-19. La casa Phu Yen nació con este fin.

El espacio del dormitorio, la sala de estar, la cocina y el comedor están separados y unidos por el patio y los espacios verdes, lo que ayuda a que los espacios de las habitaciones de la casa estén despejados y accesibles. Con la mejor naturaleza, el patio y los espacios verdes también se convierten en un área de diversión para los niños y sus amigos.

El espacio de la sala de estar y la cocina están girados y los muros inclinados crean vistas interesantes y vivas cuando nos movemos dentro de la casa.

Para liberar la vista cuando se está dentro de la habitación, diseñamos muchas ventanas grandes, pero el coste de inversión de construcción del propietario es pequeño y la técnica de construcción de puertas de vidrio de gran formato en la localidad es limitada. Por lo tanto, no instalamos vidrio, sino que construimos una alta capa adicional de cercado a su alrededor para garantizar seguridad y privacidad. La cerca está inclinada para no limitar la vista y para crear un segundo ángulo más interesante.

La obra fue construida por grupos de trabajadores locales utilizando materiales disponibles como ladrillo, piedra, cemento, hierro...

Elevation

Exploded axonometric

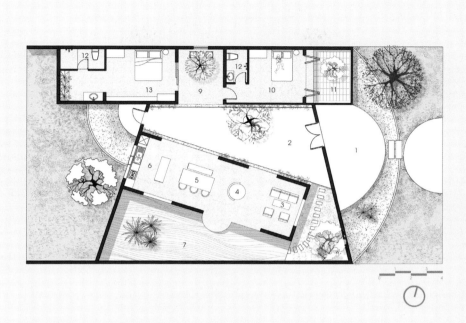

Ground floor plan
1. Entrance
2. Yard
3. Living
4. Spiritual space
5. Dining
6. Kitchen
7. Swimming pool
8. Play ground
9. Relax space
10. Sala's bedroom
11. Terrace
12. WC
13. Master bedroom

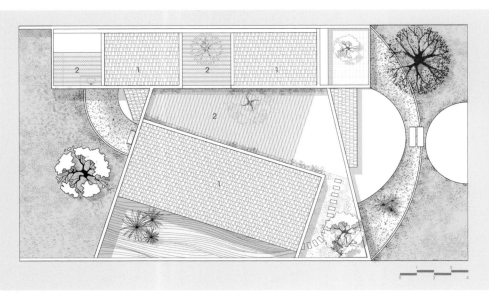

Roof plan
1. Tile roof
2. Glass roof

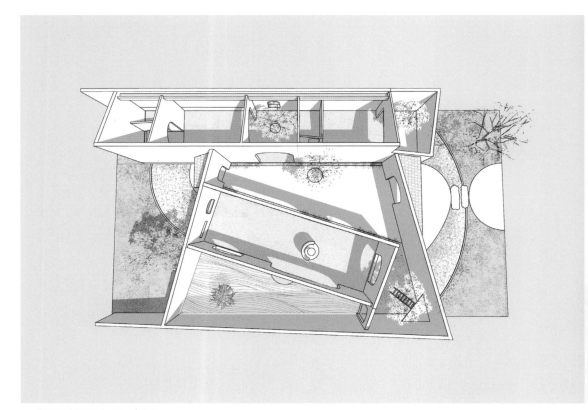

Ground plan perspective

CASA JARDIN ESCANDÓN

CPDA Arquitectos

Location Mexico City, Mexico **Surface area** 2.300 m² **Photographs** © Jaime Navarro
Landscape Design Taller Entorno Paisaje **Website** www.cpda.mx

The Escandón neighborhood had a recent boom in the past years, with a fresh and youthful vibe. Art deco buildings coexist with landmark facades and new contemporary buildings.

The project is developed to live towards the interior of the complex through a central courtyard and a rear patio separated from the back boundary, allowing all residential units to have natural light and cross ventilation. The complex consists of 14 units, with 4 apartment-style units on the ground floor, and 10 three-level townhouse-style units located above.

The volume, covered in galarza stone, embraces the traditional inspirations of the neighborhood. With a gabled facade facing the street, the concrete slabs stand out. In turn, the first level stands out from its alignment to generate balconies, allowing a more direct relationship with the outdoor social spaces of the residential interior. On the other hand, the interior facades towards the central courtyard speak a different language, where a game of diverse windows, openings, and gabled roofs are generated to create a simple, dynamic, fun, and ingenious form of the complex.

The central courtyard of the project houses a variety of native plants and species that are conducive to the local climate, negating the need for extensive maintenance in the future. The courtyard area is designed for contemplation and reflection, where access from the residential complex begins a gradual transition towards an interior patio that serves as a central disconnection from the hustle and bustle of life outside of the complex.

The space invites reflection and contemplation, inspired by the central garden and its various species of plants and flowers. This interior garden is the most important element of the design proposal, and the architects focused on developing a truly magical space where architecture meets permanence and contemplation.

By carefully taking the distance, orientation, and arrangement of the balconies facing the central courtyard into consideration, the result delivers a discreet, private, and peaceful interaction between residents and their shared "secret garden". The process was replicated for the rooftop gardens, all featuring native sun vegetation, a variety of plants, and foliage arranged to provide residences with both privacy and openness, with skyward views.

El barrio Escandón tuvo un auge reciente en los últimos años, con una vibra fresca y juvenil. Edificios art déco conviven con fachadas emblemáticas y nuevos edificios contemporáneos.

El proyecto está desarrollado para vivir hacia el interior del conjunto a través de un patio central y un patio trasero separado de la linde trasera, permitiendo que todas las unidades residenciales cuenten con luz natural y ventilación cruzada. El complejo consta de 14 unidades, con 4 unidades tipo apartamento en la planta baja y 10 unidades tipo casa adosada de tres niveles ubicadas en la parte superior.

El volumen, revestido en piedra de galarza, abraza las inspiraciones tradicionales del barrio. Con una fachada a dos aguas que da a la calle, destacan las losas de hormigón. A su vez, el primer nivel se destaca desde su alineación para generar balcones, permitiendo una relación más directa con los espacios sociales exteriores del interior residencial. Por otro lado, las fachadas interiores hacia el patio central hablan un lenguaje diferente, donde se genera un juego de diversas ventanas, vanos y techos a dos aguas para crear una forma simple, dinámica, divertida e ingeniosa del conjunto.

El patio central del proyecto alberga una variedad de plantas y especies autóctonas que favorecen el clima local, lo que evita la necesidad de un mantenimiento extenso en el futuro. El área del patio está diseñada para la contemplación y la reflexión, donde el acceso desde el conjunto residencial inicia una transición gradual hacia un patio interior que sirve como punto central de desconexión del ajetreo y el bullicio de la vida fuera del conjunto.

El espacio invita a la reflexión y la contemplación, inspirado en el jardín central y sus diversas especies de plantas y flores. Este jardín interior es el elemento más importante de la propuesta de diseño, y los arquitectos se centraron en desarrollar un espacio verdaderamente mágico donde la arquitectura se encuentra con la permanencia y la contemplación.

Teniendo en cuenta cuidadosamente la distancia, la orientación y la disposición de los balcones que dan al patio central, el resultado ofrece una interacción discreta, privada y pacífica entre los residentes y su "jardín secreto" compartido. El proceso se repitió para los jardines de la azotea, todos con vegetación solar autóctona, una variedad de plantas y follaje dispuesto para brindar a las residencias privacidad y apertura, con vistas hacia el cielo.

Ground floor

1ST Floor

2ND Floor

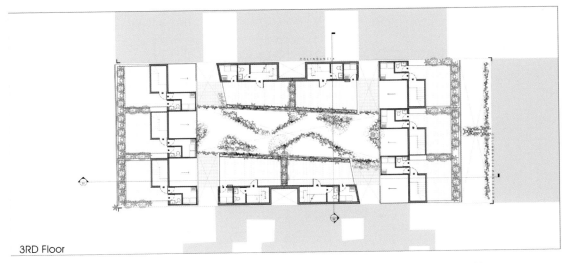

3RD Floor

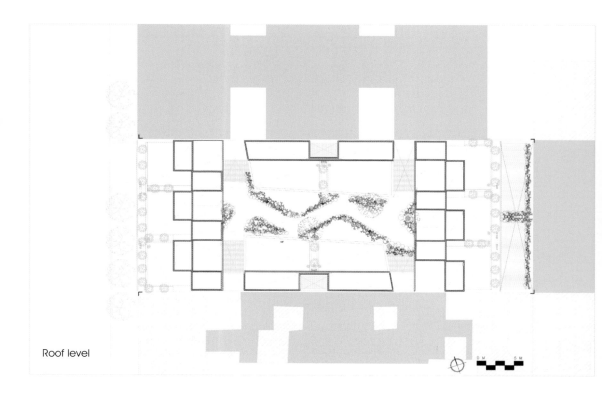

Roof level

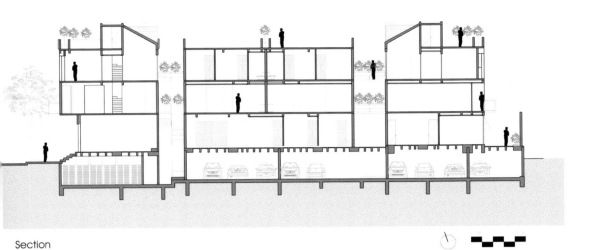

Section

Main access to the complex was designed as a cave, with a gabled ceiling that gives the perception of having been carved out of the stone volume. The opening serves as a transitional space between the street and the interior of the complex, where visitors are received with views framed by light, the landscape, and a carved stone entrance that whisk them away from the cityscape behind them.

The project is a physical manifestation of the idea that architecture can connect with both the built environment and the natural environment, generating great benefits towards offering a more complete and harmonious life experience.

El acceso principal se diseñó como una cueva con un techo a dos aguas, dando la impresión de haber escarbado el volumen de piedra. La apertura sirve como un espacio de transición entre la calle y el interior del complejo, donde los visitantes son recibidos con vistas enmarcadas por la luz, el paisaje y una entrada de piedra tallada que les aleja del paisaje urbano que queda tras ellos.

El resultado es una manifestación física de la idea de que la arquitectura puede conectarse con el entorno construido y el entorno natural, generando grandes beneficios para ofrecer una experiencia de vida más completa y armoniosa.

SALEM HOUSE
STORY Architecture

Location Bình Dương, Vietnam **Surface area** 420 m² **Photographs** © Minq Bui
Website www.storyarchitecture.vn

Salem House project was built in Thu Dau Mot City, Tinh Binh Duong.

A house for a young husband and a 4-year-old daughter.

The work pressure and the pressure of a young couple in modern society is very great, so designing an airy house with lots of trees, to have a feeling of relaxation, to release pressure after a working day is a task. It is an important service to design this house, and especially to create many playgrounds for girls to play, explore and release energy. and at the same time giving parents more personal time.

To create a sense of lightness for the house, we take white as the main color and add gray and wood to make the house more elegant.

Neatly designed furniture also helps to make the space feel larger and more airy.

The design removes the partition between the kitchen and the backyard to create an interesting space connection, making the kitchen or dining time as comfortable as in a garden restaurant. and the backyard creates a play area for the baby, helping the mother in the kitchen have the best interaction with her child.

The corridor connecting the two rooms to break the feeling of being bored because of the constraints of the handrail, we create a green patch to cover the hallway and make use of the green space to also create a playground for children.

The large skylight placed in the middle and back of the house helps to bring in natural light and wind for the bedrooms, the bedroom wall with a large glass panel overlooking the skylight and green space helps us relax more when in the room, and Large skylight design makes the interaction between floors better, we don't need to use phones to communicate between different floors.

El proyecto Salem House se construyó en la ciudad de Thu Dau Mot, en Tinh Binh Duong.

Se trata de una casa para una pareja joven y una hija de 4 años.

La presión del trabajo y la presión de las parejas jóvenes en la sociedad moderna es muy grande, por lo que es muy importante diseñar una casa aireada con muchos árboles para sentirse relajado y aliviar la presión después de un largo día de trabajo. Esta es una tarea importante a la hora de diseñar la casa, especialmente crear muchos parques infantiles para que los niños jueguen, descubran la naturaleza por sí mismos, liberen energía y ayuden a los padres a tener más tiempo para ellos mismos.

Para crear una sensación de ligereza en la casa, elegimos el blanco como color principal y agregamos gris y madera para que la casa resulte más elegante.

Los muebles cuidadosamente diseñados también ayudan a que el espacio parezca más grande y despejado.

El diseño elimina la división entre la cocina y el patio trasero para crear una conexión espacial interesante, haciendo que la cocina o el comedor sean tan cómodos como lo sería un restaurante con jardín. El patio trasero ofrece un área de juego para el bebé, ayudando a que la madre, mientras está en la cocina, tenga la mejor interacción con él.

El pasillo que conecta las dos habitaciones rompe la sensación de aburrimiento debido a las limitaciones de la barandilla. Creamos un parche verde para cubrir el pasillo y aprovechamos el espacio verde para crear también un parque infantil para los niños.

El gran tragaluz colocado en el medio y en la parte trasera de la casa ayuda a que entre luz natural y viento a los dormitorios. La pared del dormitorio con un gran panel de vidrio con vistas al tragaluz y el espacio verde nos ayuda a relajarnos aún más cuando estamos en la habitación. Además, el diseño del tragaluz mejora la interacción entre los pisos; no necesitamos usar teléfonos para comunicarnos entre los diferentes niveles.

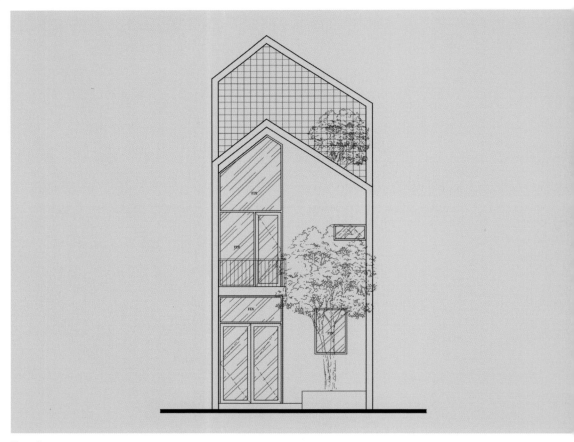

Elevation

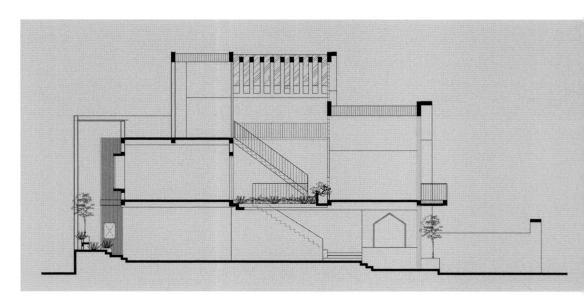

Section

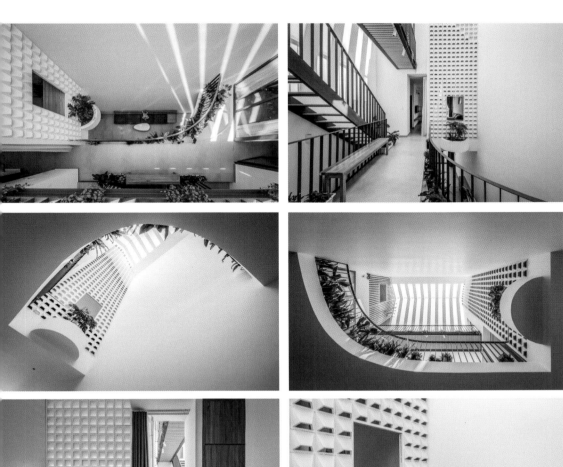

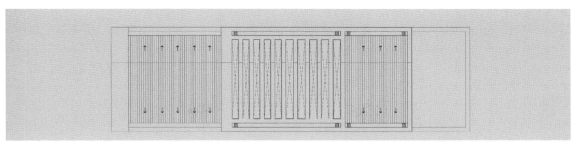

Roof plan

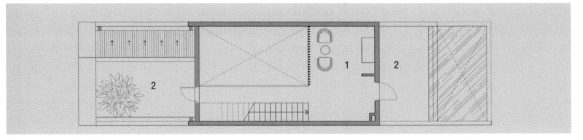

3rd floor plan
1. Altar
2. Rooftop

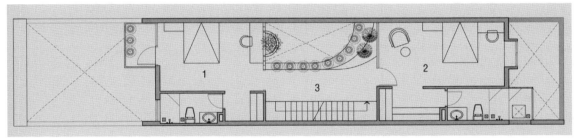

2nd floor plan
1. Kid's bedroom
2. Master bedroom
3. Lobby

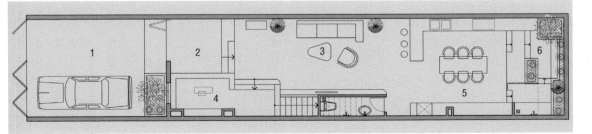

Ground floor plan
1. Front yard
2. Moto garage
3. Living
4. Play ground
5. Dining - Kitchen
6. Back yard

VILLA CONNECT
STORY Architecture

Location Bình Dương Province, Vietnam **Surface area** 420 m² **Photographs** © Minq Bui
Website www.storyarchitecture.vn

- Return to reality, that is the criterion when developing ideas to design spaces that serve people. Connect Villa also develops design ideas based on this criterion, when you come back to reality, you can connect well with people, with nature, and with yourself.

- Connect Villa project is located in Moi City, Thu Dau Mot, Binh Duong Province, Vietnam. Connect Villa serves Spouses, 2 sons and grandparents. The owner is a person who has a simple lifestyle, loves nature.

- To create cohesion among family members, we develop architecture that makes people feel interesting to live in reality. it does not have too many decorations, accents or impressive materials and items for people to immerse in it. and the architecture is not so minimalistic that people feel deprived, then they will dream of better things.

- Interesting architectural space, just enough for you to return to reality, you have the reality of having it all. Family members can easily be in contact with nature thanks to the bedroom that can open in many different directions to the outside. and can also open the bedroom window in the house thanks to the skylight.

- The block is designed much back from the road and develops in an L-shape embracing the swimming pool, helping the space of the rooms to have a view of the pool. And through the balcony or window of the bedrooms can easily see and connect with each other.

- Skylights and skylights of the stairs are cleverly arranged so that the bedrooms do not share walls to create privacy for each individual but also create a connection between floors in the house.

- An architecture just enough, a space just enough, exploiting the density and hollowness in architecture to create a balance of space and shape help people have a clearer idea of reality and living space, so that they can live happily, happily and sustainably with their family.

- Volver a la realidad, ese es el criterio a la hora de desarrollar ideas para diseñar espacios al servicio de las personas. Connect Villa también desarrolla ideas de diseño basadas en este criterio; cuando vuelves a la realidad, consigues conectar bien con las personas, con la naturaleza y contigo mismo.

- El proyecto Connect Villa está ubicado en la ciudad de Moi, Thu Dau Mot, provincia de Binh Duong, Vietnam. Connect Villa atiende a cónyuges, 2 hijos y abuelos. El dueño es una persona que tiene un estilo de vida sencillo y ama la naturaleza.

- Para crear cohesión entre los miembros de la familia, desarrollamos una arquitectura que hace que las personas sientan interés por vivir en la realidad. No tiene demasiadas decoraciones, acentos o materiales y artículos impresionantes para que las personas se sumerjan en ella. Y la arquitectura no es tan minimalista como para que la gente se sienta privada y entonces sueñen con cosas mejores.

- Interesante espacio arquitectónico, lo suficiente para que vuelvas a la realidad; sientes que lo tienes todo. Los miembros de la familia pueden estar fácilmente en contacto con la naturaleza gracias al dormitorio, que puede abrirse en muchas direcciones diferentes hacia el exterior; también se puede abrir la ventana del dormitorio gracias a un tragaluz.

- El bloque está diseñado muy lejos de la calle y se desarrolla en forma de L abrazando la piscina, haciendo que el espacio de las habitaciones tenga vistas a la misma. Y a través del balcón o la ventana de los dormitorios pueden verse fácilmente y conectarse entre sí.

- Los tragaluces del techo y los tragaluces de las escaleras están ingeniosamente dispuestos para que las habitaciones no compartan paredes, creando no solo privacidad para cada individuo, sino también una conexión entre los pisos de la casa.

- Una arquitectura y espacio suficientes, que explota la densidad y el vacío en la arquitectura para crear un equilibrio de espacio y forma ayuda a las personas a tener una idea más clara de la realidad y del espacio vital para que puedan vivir felices con sus familias y de manera sostenible.

South elevation

North elevation

East elevation

West elevation

Section

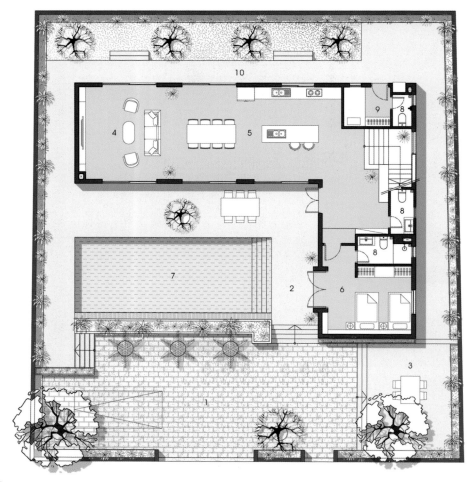

Ground plan
1. Front yard
2. Entrance
3. Terrace
4. Living room
5. Dining room
6. Guest room
7. Pool
8. WC
9. Laundry
10. Back yard

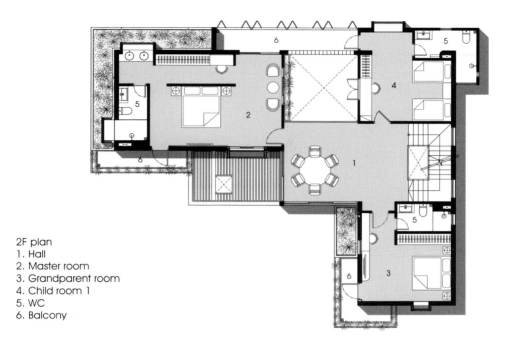

2F plan
1. Hall
2. Master room
3. Grandparent room
4. Child room 1
5. WC
6. Balcony

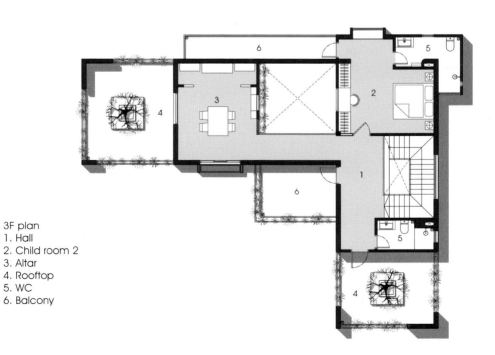

3F plan
1. Hall
2. Child room 2
3. Altar
4. Rooftop
5. WC
6. Balcony

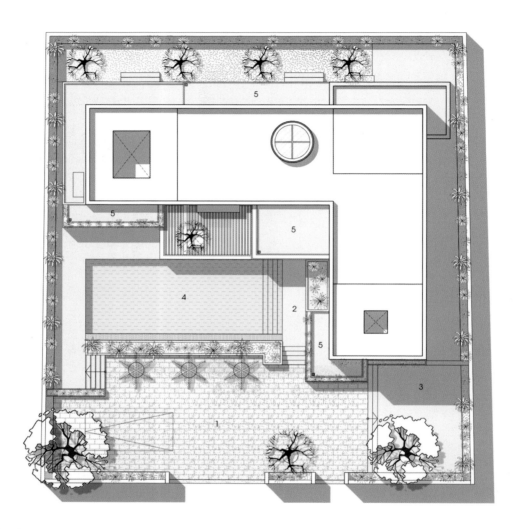

Master plan
1. Front yard
2. Entrance
3. Terrace
4. Pool
5. Balcony

HOUSE OF NGHI THU

STORY Architecture

Location District Bình Tân, Ho Chi Minh city, Vietnam **Surface area** 72 m² **Photographs** © Minq Bui
Website www.storyarchitecture.vn

Nghi Thu House was built in Tan Binh district, Ho Chi Minh city, Vietnam. Ho Chi Minh City is an urban area with high population density, small living space, the formation of lifestyle and activities are intertwined leading to an urban area with many alleys and nooks and crannies. live in a small area.

Nghi Thu House 4mx18m is designed for a young couple, who just gave birth to a baby. The couple also lived in small houses but lacked light and ventilation. Should dream of having a small house located in an alley but still airy, full of light and green trees

We designed the atrium space to be a long narrow slot. Taking the light in the middle and behind makes the rooms get wind and natural light, creating a connection when you are on the floors without having to move or use the phone to communicate.

The bedroom door inside the house uses many pieces of glass to form a hollow foam partition that increases the feeling of spaciousness in the house.

The liberation of many partitions, the sacrifice of a lot of space for the atrium and relaxing play space have made the small house interesting and the owner wants to go home every time the shift is over.

The part of the terrace is inspired by the traditional cultural details, materials and colors of the forefathers' architectures to combine with the modern space, creating a familiar cozy feeling when stepping on the worshiping area. Spirituality.

La casa Nghi Thu fue construida en el distrito de Tan Binh, ciudad de Ho Chi Minh, Vietnam. La ciudad de Ho Chi Minh es un área urbana con alta densidad de población, espacio habitable pequeño y la formación de un estilo de vida y actividades se entrelazan dando lugar a un área urbana con muchos callejones, rincones y recovecos. Se trata de un área pequeña en la que vivir.

La vivienda mide 4mx18m y está diseñada para una pareja joven que acaba de tener un bebé. Esta pareja ya vivió en otras casas pequeñas pero carecían de luz y ventilación. Soñaban con tener una pequeña casa ubicada en un callejón pero con ventilación y llena de luz y árboles verdes.

Diseñamos el atrio de tal manera que fuera un espacio angosto pero largo. Recibir la luz por el medio y por detrás hace que las habitaciones reciban viento y luz natural, creando una conexión cuando la persona se encuentra en los pisos sin tener que moverse o usar el teléfono para comunicarse.

La puerta del dormitorio en el interior de la casa utiliza muchas piezas de vidrio formando una mampara de espuma hueca que aumenta la sensación de amplitud en la casa.

La eliminación de muchos tabiques, el sacrificio de mucho espacio para el atrio y el espacio de juego relajante han hecho que la pequeña casa resulte interesante y el propietario quiera volver a casa cada vez que termina de trabajar.

La zona de la terraza está inspirada en los detalles culturales tradicionales, los materiales y los colores de las arquitecturas de los antepasados combinados con el espacio moderno, creando una sensación familiar y acogedora al pisar el área de culto. Espiritualidad.

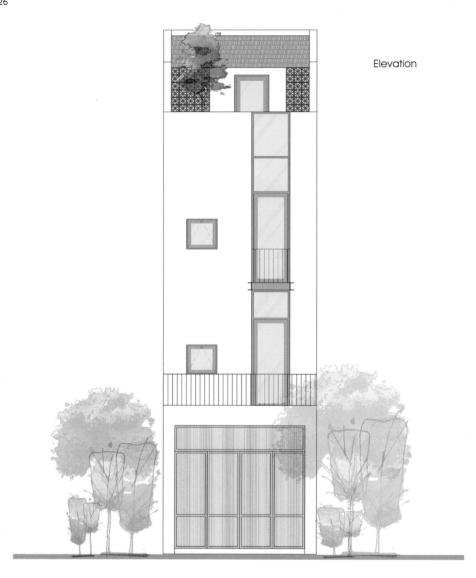

Elevation

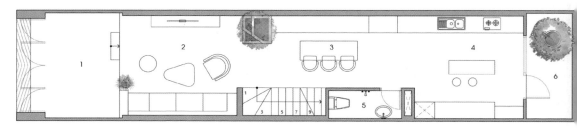

Ground floor plan
1. Garage
2. Living
3. Dining
4. Kitchen
5. WC
6. Back yard

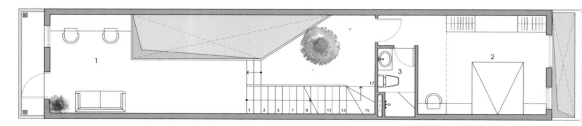

1ST Floor plan
1. Working space
2. Master bedroom
3. WC

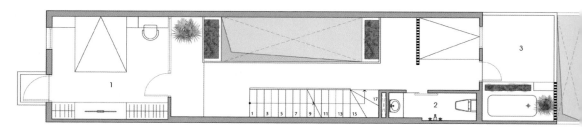

2ND Floor plan
1. Bedroom
2. WC
3. Laundry

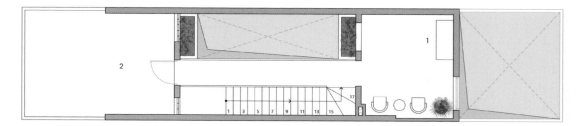

3RD Floor plan
1. BAltar
2. Terrace

MEV
JEAN VERVILLE Architecte

Location Montreal, Canada **Surface area** 181 m² **Photographs** © Maxime Brouillet, Maryse Béland
Website www.jeanverville.com **Architectes team** Tania Paula Garza Rico, France Goneau, Rémi St-Pierre, Samuel Landry, Camille Asselin, Jacob Éthier

Seduced by the photographic narration illustrating the projects of Studio Jean Verville, two admirable eccentrics, passionate about art and Italian design of the 80s, invited him to design their refuge in the forest. The objective is to host their daily lives with a whimsical energy, a challenge in absolute cohesion with the disruptive approach of the Studio.

The project realizes a personalized alternative universe, designed in a collaborative spirit and a ludicization approach and then developed with architectural mathematical rigor. MEV exploits the association of geometries and colors under the impetus of the rebellious universe of the Italian group, Memphis, antithesis to monotony and the monochromatic architecture and design of his time. Constellated with meticulous maneuvers that evoke this wacky universe of the 80s, the project celebrates a multiplicity of references in a system of expressive and contrasting relationships in order to communicate the personalities of the owners. For the sake of integration into surrounding nature, this house-studio reveals an organic form and a raw appearance, confronting its materials with a set of curved lines in a meticulous implementation. Its extravagance manifests itself in interiors with graphics, where volumes and materials develop in a sparkling chromatic organization.

The location of this eclectic ensemble is determined by the presence of a stream that crisscrosses the land. On the south side, the linear layout of the rooms allows a constant view of the landscape and its stream. On the north side, two distinct volumes, connected by an entirely glazed entrance, appear like a long blind facade unified by a single roof. While an entirely mathematical logic of functionality invites the exclusion of roof surfaces in a Boolean diagram, its shape is redefined by a shift in the axis of the ridge, which thwarts the reading of the volumetry and animates the silhouette of a new complexity.

Seducidos por la narración fotográfica que ilustra los proyectos del Studio Jean Verville, dos admirables excéntricos, apasionados por el arte y el diseño italiano de los años 80, le invitaron a diseñar su refugio en el bosque. El objetivo es acoger su vida cotidiana con una energía caprichosa, un reto en absoluta cohesión con el enfoque disruptivo del Estudio.

El proyecto realiza un universo alternativo personalizado, diseñado con un espíritu de colaboración y un enfoque de ludificación y posteriormente desarrollado con rigor matemático arquitectónico. MEV explota la asociación de geometrías y colores bajo el impulso del universo rebelde del grupo italiano Memphis, la antítesis a la monotonía y monocromía de la arquitectura y el diseño de su tiempo. Diseñado con meticulosas maniobras que evocan este universo estrafalario de los años 80, el proyecto celebra una multiplicidad de referencias en un sistema de relaciones expresivas y contrastadas para comunicar las personalidades de los propietarios. En aras de la integración en la naturaleza circundante, esta casa-estudio revela una forma orgánica y una apariencia cruda, confrontando sus materiales con un juego de líneas curvas en una ejecución meticulosa. Su extravagancia se manifiesta en los interiores con gráficos, donde los volúmenes y los materiales se desarrollan en una organización cromática chispeante.

La ubicación de este conjunto ecléctico está determinada por la presencia de un arroyo que atraviesa el terreno. En el lado sur, la disposición lineal de las habitaciones permite una visión constante del paisaje y de su arroyo. En el lado norte, dos volúmenes distintos, conectados por una entrada totalmente acristalada, aparecen como una larga fachada ciega unificada por un único tejado. Mientras que una lógica enteramente matemática de la funcionalidad invita a excluir las superficies del tejado en un diagrama booleano, su forma se redefine por un desplazamiento del eje de la cumbrera, que desbarata la lectura de la volumetría y anima la silueta de una nueva complejidad.